우리말
법화경 사경 1

우리말 법화경 사경 1

혜조 惠照 譯

운주사

혜조惠照 스님

공주사대 독어과 졸업 후 출가.

봉녕사 강원 졸업.

동국대학교 대학원 박사과정 수료.

대한불교조계종 총무원 문화국장 역임.

저서 및 논문으로

『우리말 법화삼부경』, 『운명을 바꾸는 법화경 사경』(전7권),

『행복을 부르는 법화경 사경』(전7권), 『독송용 우리말 법화경』

『너를 위해 밝혀둔 작은 램프 하나』(시집), 『엉겅퀴 붉은 향』(시집)

「연기법에 의한 공사상과 중도론 연구」(논문) 등이 있다.

우리말 법화경 사경 1

발행일 불기 2567년 9월 15일

번역 혜조 | **펴낸이** 김시열

펴낸곳 도서출판 운주사

(02832) 서울시 성북구 동소문로 67-1 성심빌딩 3층

전화 (02) 926-8361 | **팩스** (0505) 115-8361

ISBN 978-89-5746-156-3(세트) 03220

http://cafe.daum.net/unjubooks (다음 카페: 도서출판 운주사)

머리말

부처님의 지혜를 깨닫게 하여 중생을 성불시키려는 모든 부처님들의 목적은 결국 '어떻게 하면 선근을 많이 쌓게 할 수 있는가?'의 방법론으로 집중된다. 그런데 중생의 근기가 다양하니 성불의 인연도 갖가지이며, 깨달음으로 들어가는 방법 역시 한량없기 마련이다. 이를테면 절하고 염불하며 다라니를 외우고, 부처님과 대승경전에 공양 올리는 한편 자비한 마음으로 계율을 지키며 인욕하고 선정을 닦는 등의 행법들이 있다. 그리고 그 가운데 『법화경』에서 자주 거론되는 대표적인 수행법으로 '수지독송 해설서사'의 공덕을 빼놓을 수가 없다. 즉 '받아 지녀서 읽고 외우며, 남을 위해 설명해 주고 경전을 베껴 쓰는' 것이 얼마나 큰 선행이 되는지를 경에서는 매우 강조하고 있다.

> "이 『법화경』은 능히 일체 중생들을 구원할 수 있으며, 일체 중생들로 하여금 모든 괴로움을 벗어나게 할 수 있느니라. 이 경은 능히 일체 중생들을 크게 이익되게 하고 그 소원을 만족시켜 주나니, 마치 맑고 시원한 못이 목마른 자들을 모두 충족시켜 주는 것과 같으니라. … (중략) … 그리하여 만약 어떤 사람이 이 『법화경』을 듣고 직접 쓰거나 남을 시켜서 쓰게 한다면, 그가 얻는 공덕은 부처님의 지혜로 헤아리더라도 그 끝을 알 수 없을 정도로 많으니라."(제23 약왕보살본사품)

> "만일 경전을 그냥 베껴 쓰기만 하더라도, 그 사람은 목숨을 마치게 되면 마땅히 도리천상에 태어나게 됩니다. 태어날 때에 팔만사천 명의

아름다운 하늘나라 선녀들이 여러 가지 악기들을 연주하며 그 사람을 맞이할 것입니다. 그 사람은 태어나자마자 칠보로 된 보배관을 머리에 쓴 채, 선녀들 속에서 즐거이 노닐며 편안하게 지낼 것입니다. 단순히 경전을 베껴 쓰기만 해도 이 정도이니, 하물며 경전을 수지하여 읽고 외우며 바르게 기억하고 뜻의 본질을 알아 설한 대로 수행하는 사람의 복덕이야 말해 무엇 하겠습니까!"(제28 보현보살권발품)

"보현보살이여! 이 『법화경』을 수지하여 읽고 외우며 바르게 기억하여 수행하고 익히며 베껴 쓰는 자가 있다면, 마땅히 잘 명심하여라. 그 사람은 석가모니 부처님을 친견하고, 부처님 입으로부터 직접 이 경전을 들은 것과 마찬가지니라. 또 그 사람은 석가모니 부처님께 공양하는 셈이 되며, 부처님께서 착하다고 칭찬해 주시는 것과 다름없느니라. 더욱이 석가모니 부처님께서 손으로 그 사람의 머리를 쓰다듬어 주시고, 옷자락으로 몸소 감싸 주시는 격이 되느니라."
(제28 보현보살권발품)

이 외에도 『법화경』에는 '수지독송'과 '해설서사'의 크나큰 공덕 얘기가 곳곳에 나온다.

특히 이 책 『우리말 법화경 사경』은 뜻을 제대로 알지 못한 채 단순히 베껴 쓰는 차원에서 그치는 것이 아니라, 경의 내용을 구체적으로 이해하면서 사경하는 것이기에 더욱 값진 의의를 지닌다고 할 수 있을 것이다. 하루 한 페이지라도 일정 분량씩 꾸준히 사경하며 서원을 세워 닦아나가다 보면, 어떤 소원이든 보다 쉽게 이루어질 것이다. 그 소망의 지향하는 바가 크고 순결하며 대중을 위한 것일수록, 그가 받게 되는 공덕 역시 다함없을 것이다.

우선 사경할 때에는 몸과 마음을 깨끗하고 가지런히 모아서, 우주에 충만한 진리 곧 법신을 형상화한다는 느낌으로 한 자 한 자 정성껏 써야 한다. 그런 뒤에 아래와 같이 참회 발원문을 읽은 다음, 각자의 소원을 말하면 좋을 것이다.

모든 중생들의 밝고 소중한 원력들이 두루 성취되기를 바란다.

"오늘 ____________________ 는
이 세상이나 지난 세상 한량없는 겁 동안에
몸과 입과 생각으로 지은 나쁜 업을
현재 시방에 계시는 모든 부처님들께 참회하오니,
모두 소멸케 하여 주시고
다시는 짓지 않도록 보살펴 주소서!
그리고 이 참회공덕이 일체 중생들에게 미치어
죄업이 소멸됨과 동시에 복과 지혜가 늘어나
다함께 성불하여 지이다!"

불기 2550년
혜조 합장

우리말 법화경 사경 차례

우리말 법화경 사경 1

사경 시작한 날 : 불기　　　　년　　월　　일

________________ 두손 모음

묘법연화경 제一권 제1 서품

이와 같이 내가 들었다.

어느 때 부처님께서는 왕사성 밖의 영취산 속에 큰비구 스님들 만 이천 명과 함께 머물고 계셨다. 그들은 전부 아라한으로 모든 번뇌들이 다하여 다시는 번뇌가 없었다. 자신의 이익, 곧 지혜는 증하고 미혹함을 끊어서, 모든 존재의 속박을 다하여 마음이 자유로웠다. 그 비구 스님들의 이름은 아야교진여·마하가섭·우루빈나가섭·가야가섭·나제가섭·사리불·대목건련·마하가전연·아누루다(아나율)·겁빈나·교범바제·이바다·필능가바차·박구라·마하구치라·난타·손타라난타·미다라니 아들 부루나·수보리·아난·라후라 등 여러 사람들에게 잘 알려진 큰 아라한들이었다. 또다시 유학인과 무학인 이천 명이 있었고, 마하파사파제 비구니는 육천 명의 권속들과 함께 있었으며, 라후라의 어머니인 야수다라 비구니도 역시 자기 권속들과 함께 있었다.

그리고 팔만 명의 보살마하살은 모두 아뇩다라삼먁삼보리에서 물러나지 않는 지위에 있었으며, 전부 다라니와 설법 잘 하는 변재를 얻어서 불퇴전법륜을 굴리는 분들이었다. 또한 그들은 한량없는 백천 부처님들께 공양 올렸으며, 여러 부처님들 처소에서 온갖 덕의 선근을 심어서 항상 여러 부처님들의 칭찬과 찬탄을 받곤 하였다. 자비로 몸을 닦아 부처님 지혜에 들어가 대지혜를 통달하였으니, 벌써 열반의 저 언덕에 이른 상태였다. 그 보살들의 명망이 한량없는 세계에 널리 퍼져 능히 헤아릴 수 없는 백천 명의 중생들을 제도하고 있었다. 그 보살들의 이름은 문수사리보살·관세음보살·득대세보살·상정진보살·불휴식보살·보장보살·약왕보살·용시보살·보월보살·월광보살·만월보살·대력보살·무량력보살·월삼계보살·발타바라보살·미륵보살·보적보살·도사보살 등 이와 같은 보살마하살 팔만 명이 함께 있었다.

그때 석제환인은 그의 권속 이만 명의 천자들과 같이 있었으며, 또 월천자와 보향천자, 보광천자 그리고 사대천왕들도 만 명의 그들 천자 권속들과 함께 있었다. 자재천자와 대자재천자는 삼만 명의 그들 천자 권속들과 같이 있었고, 사바세계의 주인이자 범천왕인 시기대범천왕과 광명대범천왕도 만이천 명의 천자들과 함께 있었다. 또한 여덟 용왕이 있었는데, 난타용왕·발난타용왕·사가라용왕·화수길용왕·덕차가용왕·아나바달다용왕·마나사용왕·우발라용왕이 각각 백천 권속들과 같이 있었다. 그리고 네 긴나라왕이 있었는데, 법긴나라왕·묘법긴나라왕·대법긴나라왕·지법긴나라왕이 각각 백천 권속들과 함께 있었다. 또 음악을 연주하는 네 건달바왕이 있었는데, 악건달바왕·악음건달바왕·미건달바왕·미음건달바왕이 각각 백천 권속들과 같이 있었다. 그리고 네 아수라왕이 있었는데, 바치아수라왕·거라건타아수라왕·비마질다라아수라왕·라후아수라왕이 각각 백천 권속들과 함께 있었다. 또한 네 가루라왕이 있었는데, 대위덕가루라왕·대신가루라왕·대만가루라왕·여의가루라왕이 각각 백천 권속들과 같이 있었다. 그리고 위제희 부인의 아들 아사세왕도 백천 명의 권속들과 함께 있었다. 그들은 모두 각각 부처님 발에 예배하고 한 쪽으로 물러나 앉았다.

그때 세존께서는 사부대중에게 둘러싸여 공양 받으셨으며, 공경과 존중과 찬탄을 받으셨다. 그리고 모든 보살들을 위하여 대승경을 연설하셨으니 바로 무량의경이었다. 이는 보살을 가르치는 법으로, 부처님께서 보호하시고 생각하시는 경이었다. 부처님께서 무량의경을 설하여 마치신 후, 가부좌를 맺으시고 무량의처삼매에 드시니 몸과 마음이 전혀 움직이지 아니하셨다.

바로 이때 하늘에서 만다라꽃과 마하만다라꽃, 만수사꽃과 마하만수사꽃이 부처님 머리 위와 모든 대중들에게 꽃비가 되어 내렸다. 그리고 온 부처님의 세계가 여섯 가지로 진동하며 움직였다. 그때 모임 가운데에 있던 비구·비구니·우바새·우바이와 하늘천신·용·야차 그리고 건달바·아수라·가루라·긴나라·마후라가 같이 사람인 듯하면서 아닌 이들과 여러 작은 왕들과 전륜성왕 등 이러한 모든 대중들이 일찍이 없던 희유함을 느끼면서, 환희하여 합장한 채 부처님을 하염없이 일심으로 우러러보았다.

그러자 그때 부처님께서 두 눈썹 사이로 백호상의 광명을 놓으사 동쪽으로 만 팔천 세계를 두루 비추지 않는 곳이 없었으니, 아래로는 아비지옥에 이르고 위로는 아가니

타천에까지 비추었다. 그리하여 이 사바세계에서 다른 세계 국토의 여섯 갈래 중생들을 모두 보게 되었고, 또 다른 세계 국토에 계신 모든 부처님들을 뵈옵고는 그 부처님들께서 설법하시는 경전의 가르침도 듣게 되었다. 아울러 다른 세계 국토의 여러 비구·비구니·우바새·우바이들이 수행하여 도 얻는 것을 다 보았고, 또 많은 보살마하살들이 여러 가지 인연과 이해 정도와 갖가지 모습으로 보살도 닦는 것을 보았다. 또 모든 부처님들께서 열반에 드시는 것을 친견하였고, 다시 모든 부처님들 열반하신 후에 대중들이 부처님 사리를 가지고 칠보탑 세우는 것을 전부 보았다. 그때 미륵보살이 이렇게 생각하였다.

'지금 세존께서 신령스러운 변화모양을 나타내시거늘, 도대체 무슨 사연으로써 이러한 상서를 보이시는 것일까? 지금 부처님 세존께서는 삼매에 드셨으니, 이 부사의하고 희유한 일에 대해 마땅히 누구에게 여쭤봐야 하며 누가 능히 대답할 수 있겠는가?'

그리고 나서 다시 이렇게 생각하였다.

'이 문수사리 법왕자는 이미 일찍이 지난 세상에 한량없는 모든 부처님들을 가까이 모시고 공양하였으니, 반드시 이와 같은 희유한 모양을 보았을 것이다. 그러니 내가 이제 마땅히 이것을 여쭤봐야겠다.'

그때에 비구·비구니·우바새·우바이와 여

러 하늘천신·용·귀신들도 모두 다 이렇게 생각하였다.

'이 부처님의 광명과 신통한 모양에 대해서 지금 마땅히 누구에게 여쭤봐야 한단 말인가?'

그때 미륵보살은 자기의 의심도 풀고, 또 사부대중인 비구·비구니·우바새·우바이와 여러 하늘천신·용·귀신 등 모든 대중들의 궁금한 마음을 헤아려서 문수사리보살에게 여쭈었다.

"무슨 인연으로써 이렇게 상서롭고 신통한 모양을 나타내는 것입니까? 큰 광명을 놓으사 동방으로 만 팔천 세계를 비추어 다른 부처님 세계의 장엄한 모습까지 전부 보게 하는지 궁금하기 짝이 없습니다."

이에 미륵보살이 거듭 의미를 표현하고자 게송으로 여쭈었다.

문수사리보살이여!
부처님 도사께서 무슨 까닭으로
미간 백호상에서
큰 광명을 널리 비추시고,

만다라꽃과 만수사꽃이
꽃비 되어 흩날리며
전단향 훈풍까지 불어와
대중들의 마음을 즐겁게 하나이까?

이로 인하여

땅은 모두 깨끗해지고
이 세계가
여섯 가지로 진동하니,

이때 사부대중들
모두 다 환희하며
몸도 마음도 상쾌하여
일찍이 없던 희유함을 느끼나이다.

미간의 광명이
동방을 비추니
만 팔천 세계가
모두 금빛으로 찬란하고,

아래로 아비지옥에서

위로 유정천에 이르는
모든 세계 가운데의
육도 중생들이

나고 죽는 윤회 과정에서
선악의 업연으로
좋고 나쁜 과보 받는 것을
여기서 모두 보나이다.

또 많은 부처님들 뵙건대
성주이신 스승님께서
경전을 연설하심에
미묘하심이 제일이라.

그 음성 청정하여

맑고도 부드러운 말씀으로
모든 보살들을 가르치시니
그 수가 억만 명이며,

깨끗한 음성 깊고 미묘하여
사람들 듣기 좋아하는 목소리로
각각 여러 세계에서
정법을 강설하시되,

여러 가지 인연과
한량없는 비유로써
불법을 환하게 밝히시어
중생들을 깨우치시나이다.

만일 어떤 이가 고통을 겪으며

늙고 병들어 죽는 것을 싫어하면
그를 위해 열반의 가르침 설하여
모든 고통을 없애게 하시고,

어떤 이가 복이 있어
일찍이 부처님께 공양했으며
마음에 수승한 법을 구하거든
연각의 법을 설해주시며,

어떤 불자
여러 가지 수행을 닦으며
위없이 높은 지혜를 구하면
청정한 보살도를 설해주시나이다.

문수사리보살이여!

제가 이곳에 있으면서
이것뿐 아니라 천억 가지를 보고 듣거늘
그중에서 대강만 말하겠나이다.

제가 보니 다른 세계의
항하 모래알처럼 많은 보살들
여러 가지 인연으로
불도를 구하거니,

어떤 이는 보시하기를
금과 은·산호
진주와 마니보배
자거와 마노,

금강석과 여러 보배들

남녀 노비와 수레 그리고
보배로 꾸민 가마들을
환희심으로 베풀면서,

불도에 회향하여
모든 부처님들께서
삼계의 제일이라 찬탄하시는
일불승 얻기를 원하더이다.

어떤 보살은
네 마리 말이 끄는 보배수레에다
난간을 화려하게 꽃으로 덮고
추녀를 멋지게 장식하여 보시하며,

또 어떤 보살은

몸뚱이와 손과 발
게다가 처자까지 보시하여
위없이 높은 진리를 구하고,

다시 어떤 보살은
머리와 눈과 모든 몸을
기꺼이 보시하면서
부처님의 지혜를 구하더이다.

문수사리보살이여!
제가 보니 많은 왕들이
부처님 처소에 나아가서
위없이 높은 진리에 대해 여쭙고는,

곧바로 훌륭한 국토와 궁전과

신하와 처첩마저 버린 채
수염과 머리를 깎고
법복을 입으며,

또 어떤 보살은
비구가 되어
홀로 고요한 곳에 앉아
경전 읽는 것을 좋아하고,

다시 어떤 보살은
용맹스럽게 정진하되
깊은 산 속에 들어가서
불도를 깊이 사색하며,

또 어떤 보살은 욕심을 떠나

항상 고요한 곳에 머무르며
깊이 선정을 닦아서
다섯 가지 신통을 얻기도 하더이다.

그리고 어떤 보살은
선정에 깊이 들어 합장한 채
천만 가지 게송으로써
모든 부처님 법왕을 찬탄하며,

또 어떤 보살은
지혜가 깊고 뜻이 견고하여
능히 모든 부처님들께 법을 여쭙고는
들은 대로 전부 다 받아 지니며,

다시 어떤 불자는

선정과 지혜가 구족하여
한량없는 비유로써
대중들을 위해 설법하되,

기쁘고 즐겁게 설명해서
모든 보살들을 교화하고
마군중을 격파하여
법의 북소리를 높이 울리며,

또 어떤 보살은
오래 선정을 닦아 안정되고 고요하여
하늘천신과 용이 공경하더라도
도무지 우쭐대며 좋아하지 않더이다.

그리고 어떤 보살은

숲 속에서 광명을 놓아
지옥 중생들의 고통을 제도하여
부처님 가르침에 들게 하며,

다시 어떤 불자는
잠도 자지 아니하고
숲 속을 거닐면서
부지런히 불도를 구하고,

또 어떤 이는 계행 갖추어
위의에 조금도 흠되지 않도록
보배구슬처럼 깨끗하게 지키며
불도를 구하고,

다시 어떤 불자는

인욕력에 머물러
증상만들이 욕하고 때려도
다 능히 참고서 불도를 구하며,

그리고 어떤 보살은
희롱하며 웃고 떠드는 일과
어리석은 권속들을 떠나서
지혜로운 자를 친근히 하고,

일심으로 숲 속에서
산란한 마음 가다듬은 채
억천만 년 지나도록
불도를 구하며,

또 어떤 보살은

좋은 반찬과 음식과
백 가지 온갖 탕약으로
부처님과 스님들께 보시하고,

최상의 이름난 의복으로
천만 냥 나가는 좋은 옷과
값으로 따질 수 없이 귀한 옷을
부처님과 스님들께 보시하며,

천만억 가지의
전단으로 지은 보배집과
여러 가지 고급 침구들을
부처님과 스님들께 보시하고,

꽃과 열매 무성한

깨끗한 동산 가운데
흐르는 샘물과 맑은 연못도
부처님과 스님들께 보시하나니,

이런 것들 보시하되
여러 가지 훌륭하고 미묘한 물건들을
조금도 아까워하지 않고 환희심으로 베풀며
위없이 높은 진리를 구하더이다.

또 어떤 보살은
적멸한 가르침을 설하되
여러 가지 교법으로
수없이 많은 중생들을 교화하며,

다시 어떤 보살은

모든 법의 성품은
두 가지 모양이 없어서
마치 허공처럼 차별이 없음을 관하고,

그리고 어떤 불자는
마음에 집착이 없으매
그런 훌륭한 지혜로써
위없이 높은 진리를 구하더이다.

문수사리보살이여!
또 어떤 보살은
부처님께서 열반하신 후
사리에 공양하며,

다시 어떤 불자는

항하의 모래알처럼
무수히 많은 탑묘를 쌓아
세계를 장엄하거늘,

아름다운 보배탑의
높이는 오천 유순이요
가로와 세로는 똑같이
이천 유순이나 되며,

하나하나의 탑묘마다
각각 천 개의 깃발이 휘날리고
진주구슬로 짠 휘장에는
보배방울들이 서로 딸그랑거리나니,

모든 하늘천신과 용과 귀신들

사람인 듯하면서 아닌 이들까지
향과 꽃과 음악으로
늘 공양 올리더이다.

문수사리보살이여!
모든 불자들이
사리에 공양하려고
탑묘를 장엄하자,

온 나라 세계가 저절로
아름답고 훌륭하게 장엄되어
마치 하늘의 나무에
꽃이 활짝 피어난 듯하더이다.

부처님께서 한 줄기 광명을 비추시매

이곳에서 저와 모든 대중들이
온 나라 세계의 여러 가지
수승하고 미묘한 것들을 환히 보건대,

모든 부처님의 위신력과
지혜가 희유하여
한 줄기 깨끗한 광명을 놓으사
한량없는 세계들을 비추시거늘,

저희들은 이를 보며
일찍이 없던 희유함을 느끼거니
부처님 제자이신 문수사리보살이여!
부디 저희 대중들의 의심을 풀어주소서!

사부대중들이 환희하여

거룩하신 당신과 나만을 우러르고 있나니,
세존께서 무슨 일로
이런 광명을 비추시는 것입니까?

불자여, 어서 지금 대답하시어
대중들 의심을 풀어주어 기쁘게 하소서!
이익되는 바가 무엇이기에
이렇게 찬란히 광명을 비추시는 것입니까?

부처님이 도량에 앉아
얻으셨던 미묘한 법을
연설하시려고 하나이까?
아니면 수기를 주시려고 하나이까?

모든 불국토들이

온갖 보배로 장엄됨을 보이시고
여러 부처님들을 친견하게 됐으니
이는 절대 작은 인연이 아니옵니다.

문수사리보살이여,
사부대중과 용과 귀신들이
거룩하신 당신만 우러르고 있음을 고려하여
무슨 까닭인지 제발 말씀해주소서!

그때 문수사리보살이 미륵 보살마하살과 모든 보살들에게 말씀하셨다.

"선남자들이여! 내 생각에 지금 부처님 세존께서는 큰 법을 설하시려고 하시는 것 같습니다. 큰 법비를 내려주시고 큰 법고둥을

부시며, 큰 법고를 치시어 큰 법의 뜻을 연설하시려고 하는 것 같습니다.

모든 선남자들이여!

나는 과거 여러 부처님들로부터 진작에 이와 같은 상서를 보았었는데, 이런 광명을 비추시고는 곧바로 큰 법을 설하셨습니다. 그러므로 마땅히 지금 석가모니 부처님께서 광명을 나타내시는 것도 또한 그와 똑같을 것이라고 짐작할 수 있겠습니다. 곧 중생들로 하여금 일체 세간에서 믿기 어려운 법을 들어서 알게 하시려고, 일부러 이와 같은 상서를 나타내시는 것입니다.

모든 선남자들이여!

저 과거의 한량없고 그지없으며 이루 헤

아릴 수 없이 머나먼 아승기 겁 이전에 그 당시의 부처님이 계셨으니, 일월등명여래·응공·정변지·명행족·선서·세간해·무상사·조어장부·천인사·불세존이셨습니다. 그 부처님께서 정법을 연설하셨는데, 처음에도 잘 하셨지만 중간에도 잘 하셨고 나중에도 잘 연설하셨습니다. 그 가르침의 뜻이 심원할 뿐만 아니라 말씀도 미묘하고 순일하며 잡됨이 없어서, 깨끗한 범행의 모습을 두루 갖추셨습니다.

그리하여 성문을 구하는 자를 위해서는 응당히 사제법을 설하시어, 생로병사를 벗어나 마침내 열반에 이르도록 하셨습니다. 벽지불을 구하는 자를 위해서는 십이인연법을 설하셨으며, 모든 보살들을 위해서는 육바라밀을 설하시어 아뇩다라삼먁삼보리를 증득하여 일체종지를 이루도록 하셨습니다.

그 다음에 또 부처님이 계셨으니 역시 일월등명불이라 하셨으며, 또 다음에도 부처님이 계셨으니 마찬가지로 일월등명불이라 하셨습니다. 이와 같이 하여 이만 분의 부처님들 이름이 모두 동일하게 일월등명불이셨고, 또 성씨도 똑같이 파라타였습니다. 미륵보살이여! 마땅히 잘 명심할지니, 처음 부처님에서 나중 부처님까지 모두 똑같은 이름으로 일월등명불이셨으며 십호를 다 구족하셨습니다. 그리고 법을 연설함에 있어서도 처음이나 중간이나 나중이나 전부 잘 연설하셨습니다.

그 맨 나중 부처님께서 아직 출가하지 않으셨을 때에 여덟 명의 왕자를 두셨는데, 첫째 왕자의 이름은 유의요, 둘째 왕자 이름은 선의였습니다. 셋째 왕자 이름은 무량의요, 넷째 왕자 이름은 보의요, 다섯째 왕자 이름은 증의요, 여섯째 왕자 이름은 제의의요, 일곱째 왕자 이름은 향의요, 여덟째 왕자 이름은 법의였습니다. 그 여덟 명의 왕자들은 위엄이 넘치고 덕이 자재하여 제각기 사천하를 당당히 다스리고 있었습니다.

그런데 그 모든 왕자들이 부왕께서 출가하시어 아뇩다라삼먁삼보리를 얻으셨다는 말을 듣고는, 모두 왕위를 버리고 아버지를 따라 출가하였습니다. 그들도 또한 대승의 마음을 일으켜 항상 청정한 범행을 닦아 모두 법사가 되었으니, 이미 천만 분의 부처님들 처소에서 온갖 선근의 근본을 충분히 심은 상태가 되었습니다.

그 당시 일월등명 부처님께서 대승경을 연설하셨는데, 경전 이름을 무량의경이라 하였습니다. 보살들을 가르치는 법으로, 부처님께서 보호하시고 생각하시는 경이었습니다.

부처님께서 무량의경을 설하여 마치신 후 곧 대중 가운데에서 가부좌를 맺으시고, 무량의처삼매에 드시니 몸과 마음이 전혀 움직이지 아니하셨습니다.

바로 이때 하늘에서 만다라꽃과 마하만다라꽃, 만수사꽃과 마하만수사꽃이 꽃비가 되어 날리며, 부처님 머리 위와 모든 대중들에게 흩날렸습니다. 그리고 온 부처님의 세계가 여섯 가지로 진동하며 움직였습니다. 그때 회상 가운데에 있던 비구·비구니·우바새·우바이와 하늘천신·용·야차 그리고 건달바·아수라·가루라·긴나라·마후라가 같이 사람인 듯하면서 아닌 이들과 여러 작은 왕들과 전륜성왕 등 이러한 모든 대중들이 일찍이 없던 희유함을 느끼면서, 환희하여 합장한 채 일심으로 하염없이 부처님을 우러러보았습니다.

그러자 그때 여래께서 두 눈썹 사이로 백호

상의 광명을 놓으사 동쪽으로 만 팔천 세계를 두루 비추지 못하는 곳이 없었으니, 마치 지금 보이는 모든 부처님들 세계와 똑같았습니다.

미륵보살이여! 마땅히 잘 들을지니, 그 당시 모임 가운데 이십억의 보살들이 있었습니다. 그들은 법문 듣기를 매우 좋아했습니다. 그 보살들은 광명이 부처님들 세계에 널리 비치는 것을 보고는 일찍이 없던 희유함을 느끼면서, 광명이 비치는 이유를 알고 싶어하였습니다. 당시 한 보살이 있었는데 이름이 묘광보살이었으며, 팔백 명의 제자들을 거느리고 있었습니다.

그때 일월등명 부처님께서 삼매에서 일어

나 묘광보살로 인하여 대승경을 설하셨으니 바로 묘법연화경이었습니다. 보살들을 가르치는 법으로, 부처님께서 보호하시고 생각하시는 경이었습니다. 일월등명불께서는 육십 소겁 동안을 자리에서 일어나지 않고 법문하셨는데, 당시 그 모임의 청중들도 역시 한 자리에 앉아서 육십 소겁 동안 몸과 마음을 움직이지 않았습니다. 말하자면 부처님의 가르침 듣는 시간을 밥 먹는 순간처럼 짧게 여겨서, 이때 대중 가운데 단 한 사람도 몸이나 마음으로 지루하게 여긴 이가 없었습니다.

일월등명 부처님께서는 육십 소겁 동안 묘법연화경을 다 연설하시고 나자, 곧 범천왕·마왕·사문·바라문·하늘천신·사람·아수라 등 여러 대중들 가운데에서 이렇게 선언하셨습니다.

'여래는 오늘 밤중에 무여열반에 들리라!'

그때에 이름을 덕장이라 부르는 한 보살이 있었는데, 일월등명 부처님께서 그 보살에게 수기를 주시며 모든 비구들에게 말씀하셨습니다.

'이 덕장보살은 다음에 반드시 부처가 되리니, 부처님 이름은 정신 다타아가도(여래)·아라하(응공)·삼먁삼불타(정변지)이리라.'

일월등명 부처님께서는 덕장보살에게 수기를 주신 다음 곧 한밤중에 무여열반에 드셨습니다. 부처님께서 열반하신 뒤에 묘광보살은 묘법연화경을 가지고, 팔십 소겁이 다하도록 사람들을 위하여 연설하였습니다. 일월등명 부처님의 여덟 왕자들도 모두 묘광보살을 스승으로 섬겼습니다. 그래서 묘광보살은 그들을 교화하여 아뇩다라삼먁삼보리를 더욱 견고히 닦도록 하였습니다. 그 왕자들은 한량없는 백천만억의 부처님들께 공양하고 나서 모두 불도를 이루었는데, 그 최후에 성불하신 부처님의 이름이 연등불이셨습니다.

그리고 묘광보살의 제자 팔백 명 가운데 또 한 사람이 있었으니 구명이라 부르는 제자였습니다. 이익과 명예만을 탐내고 집착하여, 비록 여러 경전을 읽고 외우더라도 뜻을 깨닫지 못하고 금방 잊어버리는 수가 많았습니다. 그래서 명리만 구한다는 뜻으로 '구명'이라 불렸던 것입니다. 그렇지만 그 사람도 또한 여러 가지 선근을 심은 인연이 있었기 때문에 한량없는 백천만억의 여러 부처님들을 만나뵈었고 공양 드렸으며, 공경히 존중하였고 찬탄드릴 수가 있었습니다.

미륵보살이여!

마땅히 명심할지니, 그때의 묘광보살이 어찌 다른 사람이겠습니까? 바로 내가 그 묘광보살이었으며, 구명보살은 바로 당신이었습니다.

이제 이 상서를 보아하건대 그때와 조금도

다름이 없소이다. 그러므로 헤아려 보건대 오늘 여래께서는 아마 분명히 대승경을 설하실 것입니다. 즉 이름을 묘법연화경이라 부르며 보살들을 가르치는 법으로, 부처님께서 보호하시고 생각하시는 경을 연설하실 것입니다."

그때 문수사리보살은 대중 가운데에서 거듭 의미를 표현하고자 게송으로 말씀하셨다.

내가 생각하건대 지난 과거의
한량없고 헤아릴 수 없는 겁 이전에
인간 중의 가장 존귀하신 부처님
일월등명불께서 계셨으니,

세존께서 설법하사
한량없는 중생들과
무수억의 보살들을 제도하여
부처님 지혜에 들게 하셨나이다.

그 부처님 출가하시기 전에
여덟 명의 왕자를 슬하에 두셨거늘
왕자들도 부왕이신 성자가 출가하실 때
함께 따라서 청정한 범행을 닦았나이다.

당시 일월등명 부처님께서는
여러 대중들 가운데에서
대승 무량의경을
자세히 분별하여 가르치셨는데,

부처님께서 설법을 마치신 다음
곧 법좌 위에서
가부좌한 채 삼매에 드셨으니
바로 무량의처삼매였나이다.

하늘에서는 만다라꽃이 꽃비 되어 날리고
하늘북도 저절로 두둥둥~ 울리며
모든 하늘천신과 용·귀신들이
인간 중 가장 존귀하신 부처님께 공양 올렸나이다.

모든 부처님들의 세계도
바로 그때 크게 진동하며 움직였고
일월등명불께서 두 눈썹 사이로 광명을 비추사
온갖 희유한 일들이 나타나게 되었거늘,

그 광명이 동방으로
만 팔천 세계의 국토를 비추자
일체 중생들의
나고 죽는 업보처가 다 보였으며,

또 모든 부처님들 세계가
온갖 보배로 장엄되어
유리와 파려색으로 보였으니
이는 부처님 광명이 비쳤기 때문입니다.

그리고 모든 하늘천신과 사람들
용과 귀신·야차 무리
건달바와 긴나라들이 저마다
자기 나라 부처님들께 공양 올리는 것이 보였으며,

또 모든 여래께서 자연히
불도 이루시는 광경이 보이거늘
부처님 몸 황금산처럼
단엄하고 매우 아름다워

마치 깨끗한 유리 속에
안으로 진짜 황금상을 나투신 듯하건만
그러한 세존께서 대중 속에 계시며
심오한 법의 뜻을 설명하여 가르치셨나이다.

각각 모든 부처님들 세계마다
성문대중들이 수없이 많아도 보지 못하다가
부처님 광명이 비치는 바람에
저 많은 대중들을 모두 보게 되었나니,

그래서 혹 어떤 비구들은
산림 속에 머물며 정진하되
청정한 계율 지니기를
마치 밝은 구슬 보호하듯이 잘 지키고,

또 여러 보살들이
보시와 인욕 등을 닦는데
그 수효 항하의 모래알처럼 많음을 보나니
이는 모두 부처님 광명이 비쳤기 때문입니다.

또 여러 보살들이
온갖 선정에 깊이 들어
몸도 마음도 고요히 움직이지 않은 채
위없이 높은 진리를 구하고,

또 여러 보살들
법이 본래 적멸한 모양임을 알아서
제각기 자기 나라 국토에서
설법하며 불도 구하는 것이 보였나이다.

그때 사부대중들
일월등명 부처님께서
큰 신통력 나투심을 보고
마음이 모두 환희하여,

각각 서로 묻기를
'이 일이 어떻게 된 일인고?'
천상과 인간의 공경을 받는 세존께옵서
마침내 삼매에서 나와 묘광보살을 칭찬하시되,

'그대는 세간의 눈이 되어
모든 중생들이 믿고 의지하리라.
능히 법장을 받들어 지니리니,
내가 설한 법문을 오직 그대만이 증득하여
알리라.'

세존께서 묘광보살을 칭찬하여 즐겁게 하시며
육십 소겁을 움직이지 않고 이 법화경을 설하
시자,
세존께서 가르치셨던 으뜸가는 미묘한 법을
묘광 법사가 다 능히 받아 간직하였나이다.

부처님께서 이 법화경 설하사
대중들을 환희롭게 하신
바로 그날

하늘천신과 사람들에게 이르시기를,

'모든 법의 참다운 뜻에 대해서
이미 너희들을 위해 다 설하였으니,
나는 이제 오늘 밤중에
마땅히 열반에 들리라.

너희들은 일심으로 정진하며
마땅히 방일하지 말지니,
모든 부처님은 심히 만나기 어려워서
억겁에나 한 번 만날 수 있느니라.'

세존의 모든 제자들
부처님께서 열반에 드신다는 소리 듣고
저마다 슬픔과 회한에 잠겨

'부처님 열반이 어찌 이리도 빠른고?'

성스러운 법왕께서
한량없는 대중들을 편히 위로하시되,
'내가 만일 열반하더라도
너희들은 근심하지 말라.

이 덕장보살은 무루의 실상에 대해
마음속 깊이 통달했으니 다음에 꼭 성불하리라.
그 부처님 이름은 정신불이며
한량없는 중생들을 제도하리라.'

부처님께서 그날 밤에 열반하시거늘
나무가 다 타자 불도 자연 꺼지는 것과 같았나
이다.

부처님의 모든 사리를 나누어서
한량없는 탑을 세웠고,

항하의 모래알처럼 많은
비구와 비구니들은
몇 배로 다시 용맹스럽게 정진하여
위없이 높은 진리 구하였나이다.

묘광 법사는
부처님 법장을 받들어 가지고
팔십 소겁 동안
널리 법화경을 펼쳤으며,

여덟 명의 왕자들도
묘광 법사의 교화를 받아

위없이 높은 진리를 더욱 견고히 닦으매
헤아릴 수 없는 부처님들을 친견하였고,

모든 부처님들께 공양 올린 뒤
큰 가르침에 수순하여 닦아서
서로 잇달아 성불하고
차례로 수기 주시니,

맨 끝으로 하늘님 중 가장 높은 하늘님 되신
그 부처님 이름은 연등불로
뭇 선인들 인도하시는 스승으로서
한량없는 중생들 제도하여 해탈케 하셨나이다.

그 묘광 법사에게
당시 한 제자가 있었는데

마음이 항상 게으르고
명예와 이익만을 탐닉하였나이다.

끝없이 명리만을 좇아 자제할 줄 모르고
명문 귀족집에나 드나들기 일쑤여서
경전 배우고 외우기를 등한시하매
배운 것도 몽땅 잊고 뜻도 알아차리지 못했나니,

이러한 인연 때문에
구명이라 부르긴 했지만
그래도 여러 가지 착한 업을 닦아서
헤아릴 수 없이 많은 부처님들을 친견하였고,

모든 부처님들께 공양 올렸으며
큰 가르침에 수순하여 닦아

육바라밀을 고루 갖추더니
이제 석가세존 친견하여 수기를 받되,

'나중에 마땅히 성불하여
이름을 미륵불이라 하고
널리 모든 중생들을 제도하리니
그 수효가 다함이 없으리라.'

저 일월등명불께서 열반하신 후에
게으름 피웠던 구명스님은 바로 그대였고,
묘광 법사는
바로 나의 옛 전생 몸이었습니다.

내가 보았던 일월등명불의 상서가
지금 나타나는 상서와 똑같으니,

이로써 석가모니 부처님께서도
법화경을 설하시려고 하시는 줄 알겠나이다.

지금의 모양이 그때의 상서와 같은 것은
곧 모든 부처님들의 방편으로,
지금 석가모니불께서도 광명을 비추시어
실상의 뜻을 밝히는 데 도움이 되게 하시려는
것입니다.

대중들은 이제 곧 알게 되리니
합장하고 일심으로 기다리면
부처님께서 분명히 법비를 내리시어
도를 구하는 자들을 충족시켜 주시리다.

그래서 삼승을 구하는 많은 사람들이

설사 의심을 하더라도
부처님께서 분명 남김없이
다 끊도록 해주실 것입니다.

제2 방편품

그때 세존께서 삼매에서 조용히 일어나시어 사리불에게 이르시었다.

"모든 부처님 지혜는 깊고도 한량없느니라. 그 지혜의 문은 이해하기도 어렵고 들어가기도 어려워서, 일체 성문이나 벽지불의 지혜로는 알 수 없느니라. 왜냐하면 부처님은 일찍이 백천만억의 헤아릴 수 없이 많은 부처님들을 가까이 모셨고, 모든 부처님들의 한량없는 수행법도 전부 닦았기 때문이니라. 게다가 명성이 널리 알려질 정도로 용맹 정진하여, 매우 심오하며 일찍이 없던 희유한 법조차 성취하였느니라. 그 어려운 법을 중생들 근기에 맞게 설하자니, 그 속에 담긴 진정한 뜻은 사실 좀처럼 알기 어려운 것이니라.

사리불아! 내가 성불한 이후에 여러 가지 인연과 여러 가지 비유로 널리 가르침을 펴면서, 헤아릴 수 없는 방편으로 중생들을 인도하여 모든 집착을 여의게 하였느니라. 어떻게 그럴 수 있었는가 하면, 여래는 방편과 지혜 바라밀을 이미 다 갖추었기 때문이니라.

사리불아!

여래의 지혜는 광대하고 심원해서 사무량

심과 사무애와 십력과 사무소외, 그리고 네 가지 선정과 여덟 가지 해탈과 뭇 삼매에 끝없이 깊이 들어가 일찍이 없던 희유한 법들을 모두 성취하였느니라.

사리불아! 여래는 능히 여러 가지로 분별하여 모든 법을 훌륭하게 연설하되, 부드러운 말투로 중생들의 마음을 즐겁게 하느니라. 사리불아, 요약하여 말하자면 일찍이 없던 헤아릴 수 없이 가없는 희유한 법들조차 부처님은 다 성취하였느니라.

그만두어라, 사리불아! 다시 더 말할 필요가 없느니라.

왜냐하면 부처님이 성취한 진리는 가장 희유하여 알기 어려운 법이기 때문이니라.

그래서 오직 부처님과 부처님만이 모든 법의 실상을 다 깨달아 알 수 있느니라. 즉 모든 법은 그에 합당한 모양·성품·본질·능력·작용·원인·조건·결과·과보·본말구경등의 특징을 갖추고 있는 것을 오직 여래만이 바로 알 수 있느니라."

그때 세존께서 거듭 의미를 표현하시고자 게송으로 말씀하셨다.

세상의 으뜸이신 부처님 가늠할 길 없나니
모든 하늘천신이나 세상 사람들
일체 온갖 중생 무리 가운데에
부처님을 알 수 있는 자 아무도 없도다.

곧 부처님의 십력과 사무소외
팔해탈과 모든 삼매,
부처님의 다른 여러 가지 법에 대해
능히 헤아릴 수 있는 자 아무도 없도다.

본래 무수한 부처님으로부터
갖은 수행 원만히 닦아 이룬
매우 깊고 미묘한 법은
보기도 어렵고 알기도 어렵도다.

저 무량억 겁 오랜 세월 동안
온갖 수행을 쌓은 다음
도량에서 정각을 이루어
나도 이미 모든 지혜 갖추었나니,

사물마다 그에 합당한 큰 과보와
여러 가지 성품과 모양을 지닌 뜻에 대하여
나와 시방세계 모든 부처님들만이
전부 그 일을 알 수 있도다.

이 법은 보여줄 수 없는 것으로
언어와 문자의 길마저 끊어졌거니,
다른 모든 중생들은 이 뜻에 대해 알 수가
없되
믿음의 힘이 견고한 보살만은 가능하니라.

부처님 제자로서 일찍이 모든 부처님들께
공양하였고
온갖 번뇌 다하여 윤회의 마지막 몸에 머무른
그러한 모든 사람들의

능력으로도 감당할 수가 없도다.

가령 사리불 같은 이가
세간에 가득 차서
생각을 모아 함께 헤아리더라도
부처님 지혜를 감히 예측할 수 없으며,

또 사리불 같은 이가 시방세계에 가득 차고
그 밖의 다른 모든 제자들도 시방세계에 가득
차서
생각을 모아 함께 헤아린다 하더라도
부처님 지혜는 역시 알 수가 없도다.

벽지불의 명철한 지혜와
번뇌 없는 윤회의 마지막 몸을 얻은 자들이

또한 시방세계에 가득 차서
그 수효 대숲 같이 빽빽이 많거늘,

그들이 함께 일심으로
한량없는 억 겁의 오랜 세월 동안
부처님의 참다운 지혜를 헤아려 본다 해도
눈곱만큼조차 알 수 없도다.

처음 발심하여 무수한 부처님들께 공양하였고
모든 가르침의 뜻도 밝게 알아 설법 잘하는
보살들이
벼와 삼이나 대나무 또는 갈대숲 같이
시방세계의 국토에 촘촘히 가득 차서,

일심으로 미묘한 지혜를 가지고

항하의 모래알처럼 무수한 겁 동안
모두 함께 생각해 보더라도
부처님의 지혜를 알 수가 없으며,

항하의 모래알처럼 많은
무수한 불퇴전 보살들이
일심으로 함께 생각해 보더라도
역시 부처님의 지혜는 알 수가 없도다.

또 사리불에게 이르노니,
번뇌 없고 생각으로 알 수 없는
매우 심오하며 미묘한 법을
내 지금 이미 다 구족히 갖추었도다.

오직 나만 이 상태를 알고

또한 시방 부처님들만이 아시거늘,
사리불은 마땅히 명심할지니
모든 부처님 말씀은 틀림이 없도다.

그러므로 부처님이 설하는 법에
마땅히 큰 믿음을 낼지니
세존은 오랫동안 방편의 법을 설한 뒤에야
반드시 진실한 법을 설하느니라.

모든 성문대중들과
연각승을 구하는 이들
내가 너희들에게 고통의 얽힘에서 벗어나
마침내 열반을 얻게 한 것은

부처님이 방편의 힘으로써

삼승의 교법을 보인 것으로,
중생들이 곳곳마다 집착하기에
그들을 인도하여 벗어나게 하려고 했던 것이니라.

그때 대중 가운데 여러 성문들, 곧 아야교진여를 비롯한 천이백 명의 번뇌가 다한 아라한들, 그리고 성문과 벽지불의 마음을 내었던 비구·비구니·우바새·우바이들이 각각 이렇게 생각하였다.

'지금 세존께서는 무슨 까닭으로 저렇게 간절히 방편을 찬탄하시며,

「부처님이 얻으신 법은 매우 깊고 알기 어려워서, 말로 표현하더라도 역시 그 뜻을

알기 어렵도다. 따라서 일체 성문이나 벽지 불들은 감히 알아차릴 수가 없도다.」
라고 말씀하시는 것일까?

부처님께서 한 가지 해탈의 뜻을 말씀하셨고 우리들도 역시 그 법을 얻어서 열반에 이르렀거늘, 지금 말씀하시는 뜻은 그 의미를 전혀 알 수가 없구나.'

그때에 사리불은 사부대중이 마음으로 의심할 뿐더러 자신도 잘 알지 못하므로 부처님께 다음과 같이 사뢰었다.

"세존이시여! 도대체 어떤 이유와 어떤 사연으로 모든 부처님의 제일 방편을 그토록 지극히 찬탄하시는 것입니까? 그리고 부처님께서 깨달으신 법은 너무 깊고 미묘해서, 정말로 알기 어려운 법이라고 하시는 것입니까?

저는 예로부터 일찍이 부처님께서 이와 같이 말씀하시는 것을 들어본 적이 없었습니다. 더욱이 지금 사부대중이 다 의심하고 있사오니, 오직 바라옵건대 세존께서는 이 일을 알기 쉽게 풀어서 설명해주시옵소서! 도대체 세존께서는 무슨 까닭으로 (도량에서 성취하신 법이) 매우 깊고 미묘하여 정말로 알기 어려운 법이라고, 그렇게도 극구 찬탄하시는 것입니까?"

그때 사리불이 거듭 의미를 표현하고자 게송으로 말씀드렸다.

지혜의 태양이신 대성존께서
오랫동안 설법하신 뒤에야 이 법을 말씀하시되,
'나는 이와 같은 십력과 사무소외와 여러 삼매
사선정과 팔해탈 등의 불가사의한 법을 얻었
노라' 하시네.

그러나 도량에서 얻은 법에 대하여
능히 질문할 만한 자가 없으니
'내 가르침의 뜻은 가히 헤아리기 어려워
능히 물어볼 만한 자가 없도다' 하시고,

그리하여 묻는 이도 없는데 친히 말씀하시어
수행하셨던 바른 도를 찬탄하시며
'매우 깊고 미묘한 이런 지혜는
모든 부처님들께서만 증득하신 것이라' 하시니,

번뇌 다한 여러 아라한들과
열반을 구하는 이들이
지금 모두 다 의혹에 떨어져서
'부처님께서 무슨 이유로 저렇게 말씀하시는
가?' 하며,

연각을 구하는 비구·비구니와
많은 하늘천신과 용·귀신·건달바들이
서로 바라보며 의심을 품은 채
양족존이신 부처님만 빤히 올려다보고 있나
이다.

이 일이 어찌 된 사연이온지
부처님께서는 부디 저희를 위하여 해설해
주옵소서!

모든 성문 대중 가운데
부처님께서 제가 제일 지혜롭다 하셨지만,

제가 얻은 지혜로는
미혹하여 도무지 이해할 수 없나이다.
이것이 궁극적인 구경법입니까?
혹은 아직 더 닦아나가야 할 도입니까?

부처님의 가르침을 받은 제자들이
합장하고 우러러 기다리오니,
원컨대 미묘한 음성으로
즉시 저희들을 위해 여실히 설명해주옵소서!

모든 하늘천신과 용·귀신들
항하의 모래알처럼 무수하며

부처님 되기 바라는 여러 보살들
대략 팔만 명이나 되고,

또 여러 만억 국토의
전륜성왕들도 다 모여
합장한 채 공경하는 마음으로써
완전한 진리에 대해 듣고자 하나이다.

그때 부처님께서 사리불에게 이르시었다.

"그만두어라, 그만두어라! 다시 더 말할 필요가 없느니라. 만일 이 일을 말하게 된다면 일체 세간의 모든 하늘천신과 사람들이 전부 다 놀라서 의심하게 되리라."

사리불이 거듭 부처님께 말씀드렸다.

"세존이시여, 부디 말씀해주시옵소서! 부디 말씀해주시옵소서!

왜냐하면 여기 모인 무수한 백천만억 아승기의 수많은 중생들은 일찍이 많은 부처님들을 친견하였습니다. 게다가 모든 근기가 용맹하고 날카로우며 지혜 또한 밝기 때문에, 부처님의 말씀을 듣는다면 곧 공경하며 믿을 수 있을 것입니다."

그때 사리불이 거듭 의미를 표현하고자 게송으로 사뢰었다.

법왕이시며, 위없이 가장 높으신 분이시여!
제발 아무 염려하지 마시고 말씀해주시옵소서!
이 모임의 한량없는 대중들 속에는

분명 공경하며 믿을 수 있는 누군가가 있으오리다.

부처님께서 또다시 말리셨다.

"사리불아! 만약 이 일을 말한다면 일체 세간의 하늘천신과 사람과 아수라들이 정말 죄다 놀라고 의심할 것이며, 깨달은 체하는 증상만 비구는 장차 깊은 구렁 속에 떨어지게 되리라."

그때 세존께서 거듭 게송으로 말씀하셨다.

그만둬라, 그만둬라, 더 이상 말하지 말지니라.
나의 법 미묘하여 생각하기 어렵나니
여러 증상만자가 듣는다면

반드시 공경하지 않고 믿지 않으리라.

그때 사리불이 거듭 부처님께 간청드렸다.

"세존이시여, 제발 말씀해주시옵소서! 제발 말씀해주시옵소서!

지금 이 회상 가운데 저희와 같은 비구 백천만억 명은 세세생생에 이미 일찍이 부처님을 모시고 교화를 받아오지 않았습니까? 이와 같은 사람들은 반드시 부처님 말씀을 공경하고 믿을 것입니다. 그렇게 되면 기나긴 세월 동안 안락할 것이며 이익되는 것도 많을 것입니다."

그때 사리불이 거듭 의미를 표현하고자 게송으로 사뢰었다.

위없이 높은 양족존이시여!
제일 으뜸가는 법을 부디 설하여 주옵소서!
저는 부처님의 맏아들이오니
오직 분별하여 알기 쉽게 설하여 주옵소서!

여기 모인 한량없는 대중들은
부처님 가르침을 능히 공경하며 믿으리니,
부처님께서 일찍이 세세생생에
이들을 교화하지 않으셨나이까?

모두 다 일심으로 합장하고
부처님 말씀을 듣고자 하오니
저희들 천이백 명의 제자들과
나머지 불도를 구하는 자들,

부디 이 대중들을 위해
분별하여 알기 쉽게 설명해주옵소서!
이들이 부처님 가르침을 들으면
곧 크게 환희심을 내오리다.

그때 세존께서 사리불에게 이르시었다.

"네가 이미 간곡하게 세 번이나 청했으니, 어찌 설하지 않고 배기겠느냐!

너는 이제 자세히 듣고 잘 생각하여라. 내 마땅히 너를 위해 분별하여 설해 주리라."

부처님께서 이렇게 말씀하시자 당시 회상 가운데 있던 오천 명의 비구·비구니·우바새·우바이들이 즉시 자리에서 일어나 부처님께

예배하고 떠나 버렸다. 왜냐하면 그 무리들은 죄근이 깊고 무거우며 증상만이기 때문이었다. 그래서 아직 얻지 못한 것을 얻었다 하고 증득하지 못한 것을 증득했다고 착각했으니, 이러한 과실이 있어서 법회 장소에 머물지 못했던 것이다. 세존께서는 그냥 잠자코 계시며 떠나는 것을 굳이 말리지 않으셨다.

이윽고 부처님께서 사리불에게 이르시었다.

"지금 여기 대중들은 나뭇가지나 잎사귀는 없고 순전히 알짜 열매만 남아 있는 셈이니라. 사리불아, 아까 그와 같은 증상만자들은 물러가는 것이 오히려 당연하다 할 수 있느니라. 너는 이제 잘 들어라. 마땅히 너를 위하여 말하리라."

사리불이 여쭈었다.

"네, 세존이시여! 열심히 듣겠나이다."

부처님께서 사리불에게 이르시었다.

"이와 같이 미묘한 법은 모든 부처님 여래께서 때가 되어야만 설하는 것으로, 마치 우담발화 꽃이 때가 되어야만 한 번 피는 것과 같으니라.

사리불아! 너희들은 마땅히 부처님께서 말씀하시는 것을 믿어야 하나니, 부처님 말씀은 절대로 거짓이 없느니라.

사리불아! 모든 부처님께서는 근기에 맞게 법을 설하여, 사실 그 참뜻을 이해하기란 매우 어려우니라. 왜냐하면 내가 무수한 방편과 여러 가지 인연과 비유와 갖가지 말로써 많은 법을 연설했지만, 이 실상의 법은 생각으로 헤아리거나 분별하여 이해할 수 있는 것이 아니기 때문이니라. 오직 모든 부처님만이 능히 참뜻을 아시나니, 왜냐하면 모든 부처님 세존께서는 오직 한 가지 큰 목적으로 세상에 출현하시기 때문이니라.

사리불아, 무엇을 일러 모든 부처님께서 오직 한 가지 큰 목적으로 세상에 출현하신다 하는가?

모든 부처님 세존께서는 중생들에게 부처님의 지혜를 열어주어, 본래의 청정함을 얻게 하려고 세상에 출현하시느니라. 또한 중생들에게 부처님의 지혜를 보여주려고 세상에 출현하시며, 중생으로 하여금 부처님의 지혜를 깨닫게 하려고 세상에 출현하시느니라. 그리고 중생으로 하여금 부처님의 지혜를 성취하는 길로 들어서게 하려고 세상에 출현하시느니라. 사리불아, 이것이 모든 부처님들께서 세상에 출현하시는 가장 크고 유일한 목적이 되느니라."

부처님께서 사리불에게 이르시었다.

"모든 부처님 여래께서는 오로지 보살들을 교화하시고자 갖가지 법을 설하시며, 설하신 모든 것은 항상 한 가지 목적을 위해서이니라. 다시 말해 오로지 부처님의 지혜를 중생들에게 보여 주고 깨우치려는 것이니라.

사리불아! 여래는 다만 일불승으로써 짐

짓 중생들을 위하여 설법할 뿐이니라. 따라서 다른 가르침은 없거늘, 어찌 이승이나 삼승이 있겠느냐! 사리불아, 일체 시방에 계신 모든 부처님들의 법도 또한 이와 똑같으니라.

사리불아! 과거의 모든 부처님들께서 한량없는 무수한 방편과 여러 가지 인연과 비유와 갖가지 말로써 중생들을 위하여 많은 법을 연설하셨느니라. 그렇지만 그 법이 다 일불승을 위한 것이었기에, 과거의 여러 중생들이 부처님으로부터 법을 듣고는 마침내 모두 일체종지를 얻었느니라.

사리불아! 미래의 모든 부처님들께서도 앞으로 세상에 출현하시어 또한 한량없는 무수한 방편과 여러 가지 인연과 비유와 갖가지 말로써 중생들을 위하여 많은 법을 연설하시리라. 그렇지만 그 법이 다 일불승을 위한 것이기에, 미래의 여러 중생들도 부처님으로부터 법을 듣고는 마침내 모두 일체종지를 얻으리라.

사리불아, 현재 시방세계의 한량없는 백천만억 불국토 속에 계시는 모든 부처님 세존께서도 중생들을 많이 이익되게 하시고 안락하게 하시느니라. 그 모든 부처님들께서도 또한 한량없는 무수한 방편과 여러 가지 인연과 비유와 갖가지 말로써 중생들을 위하여 많은 법을 연설하시느니라. 그렇지만 그 법이 모두 일불승을 위한 것이기에, 현재의 여러 중생들이 부처님으로부터 법을 듣고는 마침내 모두 일체종지를 얻게 되느니라.

사리불아! 그 모든 부처님들께서는 오직 보살들을 교화하시고자 갖가지 법을 설하시는 것이니라. 즉 부처님 지혜를 중생들에게 보여 주려고 하시기 때문이며, 부처님 지혜를 중생들에게 깨닫게 하려는 까닭이고, 중생들로 하여금 부처님 지혜에 들어가게 하려고 하시기 때문이니라.

사리불아! 나도 지금 또한 그와 마찬가지니라. 모든 중생들에게 여러 가지 욕망이 있으며 그 욕망에 마음속 깊이 집착하고 있음을 알고는, 그 본성에 따라 여러 가지 인연과 비유와 갖가지 말의 다양한 방편력으로써 그들을 위하여 법을 설하느니라. 사리불아, 이렇게 한 것은 모두 일불승으로 일체종지를 얻게 하기 위해서이니라. 사리불아, 시방세계에 이승도 없거늘 어찌 하물며 삼승이 있겠느냐.

사리불아! 여러 부처님들께서 다섯 가지 흐리고 악한 세상에 출현하시나니, 이른바 겁탁·번뇌탁·중생탁·견탁·명탁의 세상이니라.

이와 같이 사리불아! 시대가 탁하고 어지러울 때에는 중생들의 업장도 무겁기 마련이니라. 따라서 아끼고 탐내며 질투하는 등 온갖 나쁜 근성을 이루기가 십상이라서, 모든 부처님들께서는 방편력으로써 일불승을 삼승으로 분별하여 연설하시느니라.

사리불아! 만약 나의 제자가 스스로 아라한이나 벽지불이라 하면서 모든 부처님 여래께서 보살들을 교화하시는 일, 곧 일불승의 도리에 대해 듣지도 못하고 알지도 못한다면, 이는 부처님의 제자가 아닐 뿐더러 아라한도 아니고 벽지불도 아니니라. 또 사리불아, 어떤 비구·비구니들이 스스로 이르기를 '이미 아라한을 얻었다'고 하며 '이것이 바로 윤회의 마지막 몸으로 열반의 상태'라고 하면서, 더 이상 마음으로 아뇩다라삼먁삼보리를 구하지 않는다면 마땅히 알아라. 이 무리들은 모두 깨닫지 못했으면서 깨달은 체하는 증상만자이니라. 왜냐하면 만약 어떤 비구가 실로 아라한을 얻었는데도 이 법을 믿지 않는다는 것은 도무지 말이 안 되기 때문이니라.

하지만 부처님께서 열반하신 뒤 눈앞에 부처님이 계시지 않을 때는 제외되느니라. 왜냐하면 부처님께서 열반하신 뒤에는 이러한 경전을 수지하여 읽고 외우며 뜻을 아는 그런 사람조차 만나기가 어렵기 때문이니라. 그러나 만일 다른 부처님을 만나게 된다면 이 법 가운데에서 문득 분명하게 깨달음을 얻으리라.

사리불아, 너희들은 마땅히 일심으로 믿고 이해하며 부처님의 말씀을 받아 지녀야 하느니라. 모든 부처님 여래의 말씀은 절대로 허망하지 않나니, 다른 가르침은 없고 오직 일불승뿐이니라."

그때 세존께서 거듭 의미를 표현하시고자 게송으로 말씀하셨다.

증상만의 비구·비구니로
잘난 체하는 이들과
아만 높은 우바새들
그리고 신심 없는 우바이들,

이와 같은 사부대중이
오천 명이나 되거늘
스스로 제 허물 보지 못하고
계행에도 결함 있어,

그 허물 감추려고
잔꾀 가진 이들 얼른 떠나버리니
대중 가운데 찌꺼기
부처님 위덕으로 물러갔도다.

그들은 복덕이 적어서
감히 이 법을 들을 수 없지만,
여기 남은 대중은 잔가지나 잎사귀 없이
오직 순수한 열매뿐이로다.

사리불아, 잘 들으라.
모든 부처님께서는 증득하신 법을
한량없는 방편력으로
중생들을 위해 연설하시나니,

중생들이 마음으로 생각하는 것과
여러 가지로 수행한 도업,
또 많은 욕망과 성질들이나
지난 세상의 착하고 나쁜 업연에 대하여,

부처님은 이미 다 아시고
여러 가지 인연과 비유와
갖가지 말의 방편력으로써
일체 중생들을 환희케 하시느니라.

그리하여 혹 수다라를 말씀하시기도 하고
독립된 게송이나 불제자의 과거사
부처님의 전생담과 일찍이 없던 희유한 일들
또는 인연을 설해주시기도 하며,

비유와 경전 속의 게송과
논의경 등을 말씀하시나니
우둔한 근기는 소승법을 좋아하고
나고 죽는 데만 탐착하여,

여러 한량없는 부처님들 뵈어도
깊고 미묘한 도를 닦지 아니하고
많은 고통에 시달리므로
그들을 위해서 열반을 설하시도다.

나도 이런 방편을 베풀어서
중생들로 하여금
부처님 지혜에 들게는 하였지만
일찍이 너희들에게 감히 미래에
성불하리라고 말하지는 않았도다.

이제까지 말하지 않았던 까닭은
아직 때가 이르지 않았기 때문이니,
그러나 지금 바로 때가 되었기에
결정코 대승을 설하리라.

내가 아홉 가지 법을 설한 것은
중생들 근기에 따라 설한 것으로,
대승에 들어감을 근본으로 삼아
구부경을 설하였도다.

그러나 어떤 불자 마음이 깨끗하고
부드럽고 지혜로우며
한량없이 많은 부처님들 처소에서
깊고 미묘한 도를 잘 닦았다면,

이런 불자들을 위해
이 법화경같은 대승경전 설해주며
내 그런 사람들에게
다음 세상 성불하리라 수기를 주나니,

마음속 깊이 염불하며
계행을 청정히 잘 닦았기 때문에
그들이 성불한다는 말을 듣게 되면
온몸이 큰 기쁨으로 충만하리라.

부처님은 그들의 마음가짐을 알고
일부러 그들 위해서 대승을 설하시지만
성문이나 보살들도
내가 설하는 법을 듣되,

한 게송만 받아 지니더라도
의심할 것 없이 모두 성불하거니
시방의 모든 불국토에는
오직 일승법만 있도다.

이승도 없고 삼승도 없으나
부처님의 방편 설법만은 예외이니
임시 가명으로써
중생을 인도하기 위한 것이로다.

부처님의 지혜를 가르치기 위하여
모든 부처님께서 세상에 출현하시거늘,
오직 일승만이 진실이요
나머지 이승과 삼승은 진실이 아니로다.

그래서 마침내 소승법으로써
중생을 제도하지 아니하시고
부처님 몸소 대승에 머무르시어
증득하신 법다웁게,

선정과 지혜의 힘으로 장엄하여
중생을 제도하시나니
만일 스스로 위없이 높은 진리인
대승 평등법을 증득하고서,

단 한 사람이라도
소승으로써 교화했다면
부처인 나 역시 간탐에 떨어진 것으로
그런 일은 있을 수 없도다.

누구라도 믿음으로 부처님께 귀의하면
여래는 속이지 아니하며
또한 탐내거나 질투하지 않나니
모든 법 가운데 악업을 끊었기 때문이로다.

그러므로 부처님은 시방세계에서
홀로 두려울 것이 없으며
삼십이상으로써 몸을 장엄한 채
광명으로 세상을 비추어서,

한량없는 중생들의 존경 받으며
실상의 도리를 연설하도다.
사리불은 마땅히 알라.
내가 본래 서원 세우기를,

일체 중생들을
나와 똑같이 성불하게 하는 것이었는데
내가 옛날부터 서원했던 것을
이제야 만족하게 되었도다.

일체 중생들을 교화하여
모두 불도에 들게 할 것이나
만일 내가 중생을 만날 때마다
전부 일불승의 불도로만 가르친다면,

어리석은 자는 제대로 정신 못 차리고
미혹하여 가르침도 듣지 않으리라.
내 알기에 이런 중생들은
일찍이 착한 근본을 닦지 않은 채,

오욕락에만 깊이 집착하고
어리석은 애욕 탓에 번뇌만 일으키더니
여러 가지 욕심낸 인연으로
삼악도에 떨어져서,

육취 가운데 윤회하며
온갖 쓰린 고초 다 받거늘
모태에서 작은 형상을 받아
세세생생 날 적마다 항상 고초가 자라나며,

박덕하고 복이 적어
여러 가지 고통에 시달리도다.
더욱이 삿된 소견의 밀림 속에 빠져
자아가 있다든가 없다든가 하는

여러 그릇된 소견들에 의지하여
예순두 가지 소견을 갖추매
그런 허망한 법에 깊이 집착하게 되면
굳어져 쉽게 버리지 못할 뿐더러,

아만 있어 스스로 높이고 자랑하며
아첨하고 왜곡되어 마음도 진실치 아니하거니
천만억 겁 오랜 세월 지나도록
부처님 이름조차 듣지 못하며,

또한 정법도 듣지 못하거늘
이와 같은 사람들은 정말 제도하기 어렵도다.
그러므로 사리불아,
내가 그들 위해 방편을 베풀어서

모든 고통 없애는 길을 설하여
열반으로써 가르쳐 보여 주었나니
내가 비록 열반을 설하기는 했으나
이는 참된 대승의 열반이 아니로다.

모든 법은 본래부터
항상 고요한 열반의 모습 그대로이므로
불자가 이 도리를 닦게 된다면
다음 세상에 반드시 부처님이 되리라.

나에게 방편력이 있어
삼승법을 열어보였을 뿐,
일체 세존께서는
모두 일승도를 설하시느니라.

이제 여러 대중들은
전부 의심을 없앨지니,
모든 부처님 말씀은 틀리지 않아서
오직 일승뿐이요 이승은 없도다.

과거 무수한 겁 오랜 세월 전에
열반하셨던 한량없는 부처님들
그 수효 백천만억으로
헤아릴 수 없거늘,

그와 같은 모든 세존께서
여러 가지 인연과 비유와
무수한 방편의 힘으로
제법의 모양을 연설하셨지만,

그 모든 과거의 세존께서도
모두 일승법을 설하시어
한량없는 중생들을 교화해서
중생들로 하여금 불도에 들게 하셨도다.

또 대성주이신 모든 부처님들
일체 세상의
하늘천신과 사람 및 여러 중생들
마음속의 깊은 욕망을 다 아시고,

다시 여러 방편으로써
실상의 진리를 밝히도록 도우시나니
만일 어떤 중생들
과거의 모든 부처님 만나서,

법을 듣고 보시하거나
계행 지니고 인욕하거나
정진과 선정과 지혜를 닦는 등
여러 가지로 복덕과 지혜를 닦았다면,

이 같은 모든 사람들은
벌써 이미 불도를 성취하였으며
모든 부처님 열반하신 뒤에라도
마음 착하고 부드러운 사람이라면,

이와 같은 모든 중생들도
전부 이미 불도를 성취한 것이 되고
모든 부처님들께서 열반하신 뒤
사리에 공양하는 자들,

만억 가지 종류의 탑을 세우되
금과 은·파려
자거와 마노·매괴
유리 그리고 진주 등으로,

널리 깨끗하게 장식하여
모든 탑들 장엄하게 꾸미되
어떤 이는 돌로 탑묘를 세우거나
전단향목과 침수향목으로 세우며,

목밀향목과 그 밖의 다른 목재로 짓거나
벽돌과 기와·진흙 등으로 짓기도 하고
혹은 넓은 들판 가운데에
흙을 쌓아 부처님의 탑묘를 만들며,

아이들이 장난으로라도
모래 쌓아서 부처님의 탑을 만든다면
이와 같은 여러 사람들도
전부 이미 불도를 성취한 셈이 되느니라.

만일 어떤 사람이 부처님을 위하므로
여러 형상 건립하되
불상을 조각하여 만든다면
이런 사람들도 이미 불도를 성취한 것이니,

혹 칠보로써 불상을 조성하거나
놋쇠와 붉은 구리와 흰 구리로 조성하고
백납과 아연과 주석으로 만들거나
무쇠와 나무 그리고 찰흙 등으로 만들며,

혹은 아교로 옻칠한 천에다
단정하게 부처님 탱화를 장식하여 그린다면
이와 같은 모든 사람들도
전부 이미 불도를 성취한 것일 뿐더러,

물감으로 부처님 탱화를 그리되
백복으로 장엄한 모습을
직접 그리거나 남을 시켜 그리게 하더라도
전부 이미 불도를 성취한 것과 마찬가지니라.

그리하여 아이들이 장난으로
풀잎이나 나뭇가지 또는 붓이나
손가락 혹은 손톱을 사용하여
불상을 그리게 되면,

이와 같은 모든 사람들도
점점 공덕을 쌓아서
대비심을 구족히 갖추어
이미 불도를 성취한 것이나 다름없느니라.

부처님은 보살들을 교화하시는 일불승만으로
한량없는 중생들을 제도하시거늘
만일 어떤 사람 부처님의 탑묘나
보배로운 불상과 탱화 앞에,

꽃과 향과 깃발과 일산 등을 가지고
공경하는 마음으로 공양 올리거나
남을 시켜 음악을 연주하게 하여
북 치고 소라 불며,

퉁소와 피리, 거문고와 공후
비파와 징, 바라 등의
이런 여러 가지 아름다운 음률
골고루 갖추어 공양드리거나,

혹은 환희한 마음으로써
노래로 부처님 공덕을 찬송하되
다만 한 소절이라도 부른다면
이들도 전부 이미 불도를 성취한 셈이니라.

만일 어떤 사람 산란한 마음이지만
단지 한 송이 꽃이라도 가지고
부처님 탱화에 공양 올린다면
차츰 수없는 부처님들을 친견하게 되고,

어떤 사람 절하고 혹은 합장만 하며
하다못해 한 손을 들거나
혹은 머리를 약간 숙이기만 하여
그렇게 해서라도 불상에 공양 올린다면,

차츰 한량없는 부처님 친견하고 위없이 높은
진리 성취하여
널리 무수한 중생들을 제도하고는
남음 없는 대승의 무여열반에 들리니
나무가 다하면 불도 자연 꺼지는 것과 같으리라.

만일 누군가 산란한 마음이지만
부처님 탑묘에 들어가
한 번이라도 '나무불' 하고 부른다면
전부 이미 불도를 성취한 셈이 되며,

모든 과거 부처님들께서
세상에 계실 때나 열반하신 뒤에라도
이 법문 들은 사람들은
전부 이미 불도를 성취한 것과 매한가지고,

미래의 모든 세존님
그 수효 한량없으시나
그 모든 여래께서도
또한 방편으로 법을 설하시리니,

일체 여래께서는 한량없는 방편으로
모든 중생들을 제도하여
부처님의 무루지에 들게 하므로
법문 듣는 자는 성불 못할 사람 아무도 없느니라.

모든 부처님들의 근본 서원은
친히 수행하신 불도를
널리 중생들로 하여금 닦게 하여
이 도를 똑같이 얻게 하려는 것이니,

미래세의 모든 부처님들
비록 백천억 가지의
무수한 법문을 설하시더라도
그 속내용은 일불승을 위한 것이니라.

모든 부처님 양족존께서
법에는 항상 일정한 성품이 없음을 아시지만
부처님 종자도 인연 따라 나오므로
그래서 일승법을 설하시느니라.

이 일승법은 법의 자리에 머무르나
세간의 온갖 변화 모양 속에 상주하나니
도량에서 이미 일승의 도리를 알았으나
도사는 방편으로 삼승을 설하시느니라.

하늘천신과 사람들의 공양 받으시는
현재 시방세계의 부처님들
항하 모래알처럼 무수히 세상에 출현하시어
중생들을 안락하게 하고자
또한 방편으로 이렇게 법을 설하시나니,

제일 적멸한 이치를 아시건만
방편의 힘을 쓰기 때문에
비록 여러 가지 도법을 보여주시긴 해도
그 속 내용은 일불승을 위한 것이니라.

중생들의 모든 행위와
마음속 깊이 생각하는 것과
과거에 익힌 업과
욕망과 성질과 정진력에 대해,

그리고 모든 근기의 영리함과 둔함을 아시고
여러 가지 인연과
비유와 갖가지 말로써
근기에 맞게 방편으로 설하시거늘,

지금 나도 그와 같이
중생들을 안락하게 하고자
여러 가지 법문으로써
불도를 펴 보이건대,

내가 지혜의 힘으로써
중생들의 성질과 욕망을 알고
방편으로 여러 가지 법을 설하여
모든 중생들로 하여금 기쁘게 하노라.

사리불은 마땅히 알라
내가 불안으로써 관찰해보니
육도 중생들이 빈궁하고
복과 지혜가 없어서,

생사윤회의 험난한 길에 빠져
끝없는 괴로움 그칠 새가 없는데도
오욕락에 깊이 빠져 집착하니
마치 검정 물소가 제 꼬리를 아끼듯 하도다.

탐욕과 애욕으로써 스스로 불성을 가려서
눈멀고 캄캄해 아무것도 보이지 않건만
큰 세력의 부처님 되는 길이나
고통 없애는 법조차 구하지 아니한 채,

여러 못된 사견에 빠져
고통으로써 고통을 버리고자 하매
이러한 중생들을 위하여
대비심을 일으키고는,

처음 도량에 앉아
보리수 아래서 관하고 거닐며
삼칠일 동안에
이와 같은 일을 생각하되,

'내가 얻은 지혜는 미묘하기 으뜸인데
중생들의 모든 근기 우둔할 뿐더러
쾌락에만 집착하여 어리석고 어두우니
이와 같은 무리들을 어떻게 제도해야만 하나?'

그때에 여러 범천왕들과
하늘의 제석천왕,
세상을 수호하는 사천왕
그리고 대자재천왕과

나머지 하늘 대중들의
백천만 권속들이
공손히 합장하고 예배하며
나에게 법륜 굴리기를 청하였도다.

내가 곧 스스로 생각하기를,
'만약 일불승만 찬탄한다면
중생들이 고통에 빠져 있어서
능히 이 일승법을 믿지 못하리라.

그러면 법을 무시하고 믿지 않아서
결국엔 삼악도에 떨어지리니
내 차라리 설법하지 말고
빨리 열반에나 들어야겠다.'

그러다가 문득 과거 부처님들께서
방편력 쓰셨던 것을 기억하고는,
'나도 지금 증득한 진리를
응당 삼승으로 설하리라.'

이렇게 생각하고 있을 때
시방세계 부처님들 모두 나타나시어
범음으로 나를 위로하시되,
'거룩하시도다, 석가모니 부처님이시여!

제일 으뜸이신 삼계의 도사께서
이 위없이 높은 법 얻으셨건만,
일체 모든 부처님들 하신 대로
방편력을 쓰려고 하시도다.

우리도 가장 미묘한
제일 높은 법 얻었지만
모든 중생들을 위하여
일승을 삼승으로 분별해서 가르치도다.

지혜 모자란 이는 작은 법 좋아하여
스스로 성불할 것을 믿지 못하니,
따라서 방편으로 여러 괴워 분별하여 말하며
다시 삼승을 설하긴 했으나
오직 보살을 가르치기 위해 설한 것이로다.'

사리불은 마땅히 알라
나는 거룩하신 부처님들의
깊고 맑으며 미묘한 음성을 듣자 기뻐 외치기를,
'오, 거룩하신 모든 부처님들이시여!'

그리고 다시 생각하기를,
'내가 혼탁하고 악한 세상에 나왔으니
모든 부처님 말씀처럼
나도 또한 그에 수순하여 교화하리라.'

이렇게 생각하고 곧 바라나시로 가서
모든 법의 적멸한 모양을
말로써 표현할 수 없으니
방편력을 써서 다섯 비구를 위해 설하였도다.

이것을 '전법륜'이라 부르며
이때 처음으로 '열반'이라는 말과 '아라한'
곧 '법보'와 '승보' 등의
차별된 이름이 있게 되었도다.

머나먼 옛 겁으로부터
열반법을 찬탄하여 보이며
'생사의 괴로움 영원히 다한다'고
나는 항상 이와 같이 설하였도다.

사리불은 마땅히 알라
내가 불자들을 보니
마음에 불도를 구하는 이
헤아릴 수 없는 천만억,

모두 공경하는 마음으로써
전부 다 부처님 처소에 와서
일찍이 모든 부처님들로부터
방편으로 설한 법을 들었도다.

그리하여 내가 곧 생각하되,
'여래가 세상에 출현한 까닭은
부처님의 지혜를 설하기 위해서이니
이제 바로 그때가 되었도다.'

사리불은 마땅히 알라
우둔한 근기와 지혜 모자란 사람
그리고 상에 집착하여 교만한 자는
능히 이 일승법을 믿지 못하리라.

이제 나는 두려움 없이 기쁘게
모든 보살들 가운데에서
정직하게 방편을 버리고
다만 위없이 높은 진리를 바로 설하리니,

보살이 이 법을 듣게 되면
의심의 그물이 다 없어지며
천이백 명의 아라한들도
모두 또한 마땅히 성불하리라.

삼세의 모든 부처님
설법하시는 의식대로
나도 이제 그와 같이
차별없는 일승법을 설하리라.

모든 부처님께서 세상에 출현하심은
매우 드물어 만나기 어렵고
설사 세상에 출현하셨더라도
이 법을 말씀하시기가 더 어려우며,

한량없이 무수한 겁 동안에
이 법을 듣는 것 역시 어려워
능히 이 법을 들을 수 있는 자
더욱 찾기 어렵도다.

비유컨대 우담발화 꽃을
모든 이가 사랑하고 좋아하지만
천상계와 인간계에 매우 희유하여
때가 되어야만 한 번 피는 것과 같나니,

법을 듣고 환희하여 찬탄하기를
하다못해 한 마디만 할지라도
곧 일체 삼세 부처님들께
이미 공양한 것이나 다름없도다.

그 사람이야말로 매우 희유하여
우담발화 꽃보다도 더욱 귀하거늘,
너희들은 의심하지 말라
나는 모든 법의 왕이니라.

널리 모든 대중들에게 이르노니
오직 일승도로써
모든 보살들을 교화함이요
애초에 성문 제자란 따로 없느니라.

너희들 사리불 같은 성문들과
보살들은 마땅히 알라,
이 훌륭한 법은
모든 부처님들의 요긴한 비밀이니라.

오탁악세에서는
여러 욕망에만 사로잡히기에
그러한 중생들은
마침내 불도를 구하지 못하거늘,

미래 세상의 악한 사람들은
부처님께서 일승법 설하시는 것을 듣더라도
미혹하여 믿고 받아들이지 못할 뿐만 아니라
오히려 법을 깨뜨려 악도에 떨어지리니,

그러므로 참회하며 청정한 마음으로
불도를 구하는 이가 있거든
마땅히 그와 같은 사람을 위해서
널리 일승도를 찬탄할지니라.

사리불은 마땅히 알라
모든 부처님의 법은 이와 같이
만억 가지의 무수한 방편으로써
근기에 맞게 법을 설하시거늘,

법을 배우고 익히지 않는 자는
이를 알아차릴 수 없겠지만
너희들은 이미 세간의 스승인 부처님께서
근기 따라 방편으로 교화하시는 일을 알았으니,

모든 의혹을 없애고
마음으로 크게 환희심을 내어
스스로 마땅히
성불할 것을 명심할지니라.

사경 끝난 날 : 불기 년 월 일